EL MERCADO A PRIMERA VISTA

1. Los mercados son lugares donde se concentran, por un lado, vendedores que ofrecen sus mercancías a cambio de dinero y, por otro, compradores que aportan su dinero para conseguir esas mercancías. Existe, por tanto, una **oferta** y una **demanda**. Lo que se paga es el **precio**.

Como no sólo se intercambian mercancías, existen diversos tipos de mercados. Las Bolsas también son mercados donde se compran y venden acciones de sociedades y otros valores. Las plazas públicas de los pueblos, donde se contratan jornales para trabajar en el campo, también son mercados, como también lo son las ferias locales.

Existen, además, numerosas variedades de lugares de

encuentro entre ofertas y demandas para operaciones clandestinas, como el tráfico de drogas, armas, artículos ilegales diversos o explotación de personas (inmigrantes, prostitución, niños, órganos vitales, etcétera)

2. Todas esas innumerables operaciones, al contado o a plazos en muy diversas formas, alimentan la complicada circulación económica de bienes y servicios en cada país, que integran el **mercado nacional**. Añadiendo a esa corriente los intercambios y los movimientos financieros con otros países tenemos abarcados los mercados internacionales, cuya totalidad configura el **mercado mundial**.

3. En esa intensa actividad se escalonan mercados parciales y sucesivos por los que van pasando las mercancías en circuitos más o menos complicados. El agricultor, por ejemplo, vende al tratante o al almacenista y éstos al mayorista, que vende al minorista o al tendero. La cadena distribuidora puede tener muchas variantes hasta condu-

El mercado
y la globalización

El mercado
y la globalización

José Luis Sampedro
Ilustraciones de Sequeiros

Ediciones Destino

A Pilar Prieto,
mi madre

Sequeiros

© del texto, 2002 José Luis Sampedro
www.joseluis-sampedro.com
© de las ilustraciones, 2002 Santiago Sequeiros
© Ediciones Destino, S.A. 2002
Provença, 260 5ª planta. 08008 Barcelona
www.edestino.es
Primera edición: abril 2002
ISBN: 84-233-3409-0
Depósito legal: 11727-2002
Impreso por Mateu Cromo Artes Gráficas, SA.
Carretera de Fuenlabrada s/n 28320 Madrid
Impreso en Esapaña - Printed in Spain

A Olga Lucas

ÍNDICE

A principios del pasado febrero, mientras este libro entraba en imprenta, se produjeron en nuestro mundo simultáneamente dos importantes acontecimientos, conjugados y opuestos a la vez. Conjugados porque ambos se desarrollaron en América, consistían en sendos Foros o convenciones y tenían por objeto trazar planes sobre el futuro mundial. Pero opuestos porque mientras uno se celebró en Nueva York, en pleno Norte, el otro tuvo lugar en Porto Alegre (Brasil), en pleno Sur, y porque mientras el primero se centraba en cuestiones económicas y financieras el segundo debatía los más candentes problemas de la sociedad mundial.

La gran mayoría de la humanidad no habrá seguido los debates (malvive a tan bajo nivel que sólo encaja las consecuencias de los sucesos), pero cuantos seguimos en los medios, mejor o peor, el curso de los acontecimientos, tendemos en este caso a sentirnos «neoyorquinos» o «alegrenses», con frecuencia por mera simpatía o identificación con el Norte o el Sur, en el sentido económico de estos términos.

La cuestión, sin embargo, es decisiva y exige tomar conciencia. Para tener ideas claras y actuar con acierto, conviene asomarse atentamente al funcionamiento de los mercados y de su fase actual, que es la llamada «Globalización», sobre cuya naturaleza los dos Foros mencionados sostienen las dos tesis opuestas siguientes:

1) Tesis sostenida en el Foro Económico de Nueva York:

a) La globalización es la única vía para acabar con la pobreza, y

b) La globalización es inevitable porque es consecuencia del progreso técnico.

2) Tesis sostenida en el Foro Social de Porto Alegre:

a) Cuanto más crece esta globalización más ganan los ricos y peor están los pobres, y

b) Bastaría orientar el progreso técnico hacia el interés social pensando en todos para organizar otra globalización y otro mundo mejor, que es posible.

Dos tesis opuestas. Qué pensar: ¿neoyorquinos o alegrenses?

En este libro se ofrecen los principales detalles del argumento.

El mercado

cir al consumo final, pasando por sucesivos eslabones que son los intermediarios (*lámina páginas 14-15*).

4. Así funciona nuestra **economía de mercado** poniendo toda clase de productos al alcance de quienes los solicitan. Presta servicios indispensables, pues nadie produce para sí mismo cuanto necesita; cada cual se especializa en alguna actividad y vende su producto en el mercado obteniendo dinero para pagar, a su vez, la compra de los demás bienes producidos por otros. Así, las innumerables decisiones de personas y empresas diversas que se enfrentan producen en el mercado constantes variaciones en las existencias y precios, origen de excedentes o escaseces que, a su vez, modifican posteriores decisiones. Por consiguiente, los precios y cantidades no obedecen a una voluntad superior sino que resultan del juego de esas innumerables actuaciones individuales, siempre que, como veremos, cada una de éstas afecte a cantidades comparativamente pequeñas dentro del total, como ocurre en el llamado **mercado de competencia perfecta**.

El mercado perfecto de la teoría

5. En el mercado teórico perfecto, donde ningún participante puede influir individualmente sobre precios o cantidades, se supone, además, que todos están plenamente informados de cuanto se ofrece o se demanda, a precios también conocidos. En esas condiciones cualquier comprador puede elegir con seguridad lo que más le conviene y al mejor precio disponible. Por eso se afirma entonces que el consumidor es el rey de la situa-

Sin libertad en el mercado

ción y que el mercado le proporciona la libertad de elegir (*lámina página 20*).

6. En ese mercado perfecto el comprador obtiene, además, el mejor precio, pues la competencia entre los vendedores de un mismo producto les forzará a venderlo lo más barato posible (una vez cubiertos sus costes y cierto beneficio) para vender más que sus competidores. Además, si se produce escasez y suben los precios la situación atraerá, por el beneficio extra, a nuevos vendedores, haciendo bajar el precio. Si, al contrario, hay exceso de oferta y se abarata demasiado el producto se animarán nuevos compradores o se retirarán algunos vendedores insatisfechos, encareciéndose el precio hasta su nivel de equilibrio. Este **ajuste automático** entre la oferta y la demanda para lograr un precio óptimo es otra de las virtudes atribuidas al mercado perfecto.

7. Otra cualidad más, derivada de la anterior, es la de orientar a los empresarios para que programen su producción racionalmente, indicándoles cuáles son los bienes demandados por el mercado. De ese modo se evita crear productos que no encuentren salida y se usan las materias primas y el trabajo humano con la máxima eficacia. El mercado viene a funcionar como una **brújula** indicadora de las inversiones más productivas, encauzando la actividad empresarial hacia los rendimientos más útiles para la colectividad.

8. De ese modo, en el mercado perfecto, dada la competencia sin perturbaciones ni obstáculos, el hecho de que cada sujeto actúe egoístamente en busca de su máximo provecho conduce paradójicamente a un resultado final de precios y mercancías que es el más ventajoso para todos. El economista escocés Adam Smith, creador de esta explicación teórica en el siglo XVIII, la describió afirmando que sucedía como si una **mano invisible** convirtiera la acumulación de egoísmos indivi-

duales en el máximo altruismo colectivo. Una mano verdaderamente providencial.

Alegando esa descripción teórica, quienes idealizan el mercado formulan la tajante conclusión de que toda intervención o injerencia de cualquier autoridad o poder en el juego libre del mercado anulará la virtud de la **mano invisible** y resultará siempre perjudicial. Por eso el **liberalismo económico** insiste en que ni los gobiernos ni nadie debe entrometerse en esa libertad absoluta de movimientos para las operaciones en el mercado.

9. Desgraciadamente, la perfección de ese mercado teórico nunca se cumple. En el mundo real nos enfrentamos siempre con un **mercado imperfecto** en mayor o menor grado. Es muy raro que el comprador pueda elegir sabiendo lo que hace porque no tiene información sobre todos los vendedores presentes y, además, no suele ser experto en conocer bien las complejidades de los productos modernos. En general, la elección se decide entre unos cuantos vendedores más accesibles, aceptando lo que afirman sobre las cualidades del producto o dejándose llevar por la presentación del artículo.

10. No sólo se elige con esa fragmentaria y azarosa información, sino movidos casi siempre por eficaces técnicas publicitarias, diseñadas por expertos interesados únicamente en el beneficio logrado por la venta y no en las ventajas para el comprador, cuya libertad queda condicionada por tantos factores. Así, lejos de ser el rey en el mercado e imponer su voluntad, el consumidor ha de aceptar las condiciones impuestas e incluso muchas veces cede a hábiles persuasiones, que le convencen de sentir nuevas necesidades, pasando a demandar productos antes no usados que le han sido «revelados» por la publicidad o por la presión social (*lámina página 26*).

Enganchado al consumismo

11. Por su parte, tampoco los vendedores tienen información completa sobre la dispersa demanda ni sobre los planes de los compradores. Si a veces tienen éxito lanzando un producto y logran venderlo bien, en otras ocasiones no aciertan, o bien yerran instalándose en locales poco atractivos, o se anuncian desacertadamente o emprenden la fabricación de algo que no es bien recibido, con el consiguiente despilfarro de recursos productivos. Dicho de otro modo: prevalece una situación de información asimétrica, que no es igual para todos, y esa falta de transparencia del mercado entorpece seriamente la función orientadora de la inversión que, a manera de brújula, posee el mercado perfecto según la teoría.

12. Incluso cuando ciertos empresarios atisban orientaciones acertadas y, por ejemplo, detectan la escasez de un producto muy demandado, no siempre pueden aprovechar la situación acudiendo con su oferta al mercado para equilibrar el precio (como se supo-

ne en el mercado perfecto), porque la creación del producto vendible, en general, no será instantánea, sino que requerirá tiempo para combinar los recursos productivos, y ese tiempo a veces será largo, como en las cosechas agrícolas o productos industriales que exigen instalar una fábrica o bien obtener patentes extranjeras u otras facilidades. Estos y otros motivos retrasarán la aparición en el mercado de la nueva oferta y, mientras tanto, puede haber cambiado la situación. Sea como sea, lo normal es no poder contar con ajustes correctores instantáneos.

13. Ante tales imperfecciones, la confianza en la **mano invisible** empieza por fuerza a evaporarse y se nos muestra más como una creencia providencialista —una fe de creyente— que como una realidad contrastada. Máxime cuando la vida diaria nos enfrenta con irregularidades en el mercado y, especialmente, con situaciones en las que algún participante —generalmente una empresa vendedora— logra acaparar una parte

importante de la oferta, lo que le da el poder de imponer **condiciones** sobre el precio o las **condiciones** de contratación. En estos casos, bien frecuentes, de competencia imperfecta, la benéfica **mano invisible** aparece reemplazada por otra mano perfectamente visible que en alguna ocasión logra dominar con el poder absoluto del **monopolio**. Como veremos, bastaría esta grave imperfección del mercado real para justificar intervenciones externas correctoras en defensa del interés público, por motivos tanto económicos como éticos y sociales.

14. Cuando, una vez más, alguien nos repita que «el mercado es la libertad» invitémosle a practicar un sencillo experimento mental, consistente en imaginar que entra en un mercado a comprar pero no lleva dinero: constatará en el acto que no podrá comprar nada, que sin dinero no hay allí libertad, que **la libertad de elegir la da el dinero**.

15. Reflexionemos algo más acerca de la libertad. En el mercado se enfrentan y compiten doblemente intereses opuestos. Los compradores quieren precios bajos, mientras que los vendedores los prefieren altos, pero,

además, dentro de cada uno de esos grupos sus miembros rivalizan entre sí.

16. Obviamente los demandantes con más dinero podrán llevarse más fácilmente lo que deseen, privando, en su caso, a otros demandantes. También los vendedores más dotados podrán utilizar recursos publicitarios y otros medios para aumentar su clientela compradora a costa de sus rivales más débiles. Como puede suponerse, los más fuertes, tanto si son compradores como vendedores, pretenderán que en el mercado pueda operarse con la máxima libertad, para poder usar sin trabas sus capacidades competitivas, mientras que los más débiles desearán limitaciones a esos poderes, sobre todo cuando sean extremos, como en el caso monopolístico. Esta situación puede generalizarse siempre que haya enfrentamientos de oponentes desiguales. Y puesto que en el mercado el dinero es el que da la «libertad de elegir» resulta que en el mercado llamado «libre» los poderosos efectivamente eligen mien-

tras que los débiles se resignan con lo inferior o con nada. Aquellos, claro está, no quieren tasas ni intervenciones correctoras; son los menos dotados —la gran mayoría, dada la distribución de la riqueza— los que desean controles de calidad, vigilancias contra abusos y demás posibles defensas.

17. En los países con sistemas económicos fuertemente planificados (como la Unión Soviética durante el régimen comunista) era frecuente la formación de largas colas de compradores en las tiendas para conseguir algunos productos. Ese hecho se presentaba en Occidente como un atraso molesto y fastidioso que no afecta a los consumidores de un sistema de mercado. Pero esa supuesta prueba de superioridad encierra una trampa, al no poner de manifiesto que en los países occidentales, de mercado sin racionamiento, también existen colas, sólo que resultan invisibles. Al igual que los mendigos, no perceptibles en las calles cuando lo prohíben las ordenanzas o se los llevan los guardias para ocultár-

selos a los visitantes ilustres, las **colas invisibles** las integran, sin formarse materialmente, los compradores atraídos por la oferta, pero que ni siquiera se acercan a la tienda porque no tienen dinero suficiente para adquirir los artículos que desean, como pueden hacerlo los adinerados. Ni en el sistema de mercado ni en el planificado hay existencias suficientes para abastecer de todo a todos. La diferencia esencial está en el modo del reparto. Como en el socialismo planificado la renta estaba repartida con más igualdad, resultaba forzoso el racionamiento con sus colas; en cambio, en un sistema de mercado la riqueza se reparte con mucha mayor desigualdad y origina «colas invisibles», porque sólo una minoría puede obtener los artículos deseados.

18. Por añadidura, la hipotética libertad de elegir está más condicionada aún en los casos ya aludidos de **competencia monopolística**, que llegan a su máximo rigor cuando sólo aparece un único vendedor. En tales casos, la opción del comprador carece de libertad: si

desea la mercancía ha de someterse al precio y condiciones que se le impongan. Así ocurre con ciertos servicios públicos (transportes, comunicaciones, energía, etc.), con minerales localizados en uno o pocos lugares, con servicios personales que sólo pueden prestar especialistas y, entre otros casos, con grandes empresas que consiguen acaparar algún producto mediante maniobras mercantiles. En general, la publicidad y técnicas afines son medios de caracterizar de algún modo el producto propio como único y excepcional, lo que se procura sobre todo mediante las marcas registradas.

19. La técnica moderna, con actividades que exigen instalaciones industriales muy costosas y complicadas, junto con las ventajas económicas de la producción en gran escala, entre otras, fomentan y a veces imponen la creación de grandes empresas, contra las cuales es muy difícil lanzarse a competir. Con frecuencia las encontramos dominando los mercados dentro y fuera del país (empresas multinacionales o transnacionales) y alián-

dose con otras afines o complementarias o absorbiendo empresas rivales. Gracias a sus excepcionales medios técnicos y financieros dominantes consiguen créditos y concesiones públicas privilegiadas, influyendo en países cuyos gobiernos tienen menos poder que ellas mismas y presionando incluso a las autoridades de las naciones más fuertes.

20. Ante tales potencias es imposible no reconocer el peso y el poder de **manos visibles** dictando condiciones en la actividad económica. Su extraordinaria expansión planetaria refuerza al máximo la variedad y el alcance de sus decisiones. Gracias a ellas distribuyen sus operaciones según los criterios más convenientes, desplazando fábricas a países con salarios bajos, trasvasando fondos y contabilidades, eludiendo fiscalidades y

Triunfantes y transeúntes

legislaciones incómodas, aplastando a rivales locales y consiguiendo cifras de beneficios superiores a muchos presupuestos nacionales. Tales entidades industriales y comerciales, junto con grandes instituciones financieras que manejan cuantiosos fondos, componen una red de poder económico ante la cual hablar del consumidor como rey del mercado y de su libertad económica es caer en lo ilusorio. Incluso las empresas menores se encuentran, directa o indirectamente, bajo el poder de las gigantescas, porque, aun cuando no estén sometidas por subcontratos u otras relaciones semejantes, siempre han de plegarse a la evolución y las condiciones del mercado y de la producción dictadas por las entidades mastodónticas. En suma, los poderosos directivos y sus grandes empresas avanzan en la vida pateando triunfantes por encima de los pueblos (*lámina página 36*).

21.   Como hemos visto, el **equilibrio automático** entre oferta y demanda a un determinado precio, alcanzado espontáneamente en el mercado libre, se presenta como una de sus cualidades más positivas. Sin embargo, esa ventaja en abstracto no siempre significa un resultado ventajoso para la sociedad, como se comprueba con un sencillo ejemplo muchas veces citado. Supongamos una escasez en la producción de leche, con oferta escasa y gran demanda, por lo que el precio de ajuste se sitúa tan alto que los pobres no pueden comprar leche para sus hijos, mientras los ricos no tienen problema para ofrecérsela a sus gatos.

Dada la fuerte desigualdad en la distribución de la riqueza dentro del sistema de mercado, este caso no es en absoluto improbable. Piénsese, por poner otro ejemplo más frecuente, en la desigualdad de oportunidades educativas en niveles superiores, menos accesibles para estudiantes pobres. El resultado no sólo es injusto sino, además, antieconómico, pues se pierden las aportaciones futuras de talentos que quedan sin cultivar plenamente.

22. En otro aspecto, son muchos los ejemplos del posible perjuicio social cuando las inversiones productivas se deciden guiándose exclusivamente por la supuesta **brújula** orientadora, anteriormente explicada. Un caso ilustrativo es el de las grandes cantidades de peces capturados en las aguas frías del Pacífico sudamericano, que abastecerían a los hambrientos del Tercer Mundo, si no fuera porque ofrecen mayor beneficio convirtiéndolas en piensos para el ganado productor de carne, destinada a ser consumida en los paí-

ses adelantados. Y no hablemos de actividades ciertamente enriquecedoras, pero cuyo fomento no es lícito desear, como el narcotráfico o el negocio de armamentos.

23. Por otra parte, la economía se ocupa de recursos limitados y, dada nuestra dependencia de la naturaleza, no cabe olvidar la exigencia de respetar el medio ambiente. El criterio ecológico se impone cada día más, ante las destrucciones ya realizadas por haberse actuado pensando solamente en los beneficios monetarios inmediatos, sin advertir las ventajas futuras que quedaban destruidas para siempre con la operación. Las talas en la selva amazónica, que continúan sin interrupción, son un impresionante ejemplo de los daños que nos estamos causando y los graves perjuicios para el futuro, si se dejan en libertad ciertas actividades, a merced únicamente de criterios lucrativos inmediatos (*lámina página 42*).

41

24. Como consecuencia de todo lo expuesto, ha de reconocerse que el mercado de la competencia imperfecta —el único existente en el mundo real— no es el reino de la providencial **mano invisible** benefactora sino, al contrario, el de **manos bien visibles e interesadas**, buscando el máximo beneficio privado a costa de quien sea y de lo que sea. Incluso en la medida en que hay un alto grado de automatismo en el funcionamiento del mercado, no siempre se obtienen los mejores resultados con criterios económicos, sobre todo si aplicamos puntos de vista éticos, sanitarios, de orden público y otros. Esta conclusión no es un argumento en contra del mercado, mecanismo indispensable para la distribución económica, sino que pretende subrayar el hecho de que el mercado no puede existir —ni aun el más libre— sin regulaciones, siquiera sean las

Los asesinos de los bosques

de un marco jurídico. Y también que, en mayor o menor medida, los poderes públicos siempre han ejercido alguna intervención en los mercados, con medidas orientadoras, compensadoras o restrictivas.

25. Ante el enorme poder de las empresas y los grupos económicos en el sistema de mercado es preciso recordar que el interés privado y el interés público no tienen siempre los mismos objetivos, aunque coincidan en parte. Las empresas persiguen una prosperidad reflejada en las máximas ganancias posibles, mientras que el interés común busca fines más variados a los que muchas veces hay que sacrificar el beneficio económico; fines tales como la salud pública, la mejora de la sociedad mediante la educación, el respeto a la naturaleza, la observancia de ciertos valores inmateriales, el cultivo de actividades estéticas, la cohesión social y, sobre

todo, el acatamiento de unas normas éticas de convivencia, entres otras manifestaciones del progreso humano. Fines que el empresario no tiene en cuenta para su actividad, como muy bien expresa la celebre frase del presidente de la General Motors, pronunciada ante el Senado al ser nombrado Secretario de Defensa estadounidense: «Lo que es bueno para la General Motors es bueno para Estados Unidos». Basta pensar en una guerra para comprender lo aberrante de esa creencia. El propio presidente Eisenhower, que había nombrado a Wilson, fue mucho más sensato al prevenir a su pueblo, en su discurso de despedida, contra los abusos del «complejo industrial-militar», cuyos beneficios, obviamente, crecen con las guerras, siempre dolorosas para los pueblos (*lámina página 46*).

Lo que es bueno para «Missiles corp. ltd.» es bueno para Afganistán.

26. Igualmente el mercado, como hemos visto, establece precios y condiciones atento sólo a factores económicos indiferentes al interés social y a otros fines públicos anteriormente enumerados, cuya defensa ha hecho siempre necesarias medidas correctoras por parte de las autoridades, imposibles de resumir aquí, dada su gran variedad. Algunas, por ejemplo, tienden a reprimir los abusos de las empresas más potentes valiéndose de leyes antimonopolio o de inspecciones, impuestos adecuados, normas laborales y análogas. Otras, actúan directamente a favor de los más débiles para mejorar la libertad de elegir de los pobres, aumentando sus recursos por diversas vías como pensiones, subsidios, becas de estudios y demás prácticas asistenciales.

27. En ocasiones, el poder público se ve obligado incluso a sustituir a la iniciativa privada, cuando ésta deja sin atender una necesidad o la satisface insuficientemente, cuando la actividad correspondiente no da bastante ganancia a los empresarios en potencia (caso

de los asilos, escuelas rurales y otros) o cuando, por el contrario, serían una fuente de riqueza pero no deben estar en manos privadas (ciertas industrias bélicas) o desempeñan funciones monopolísticas por su propia naturaleza, entre otros casos. Esta producción pública de bienes, que llegó a ser casi exclusiva en los sistemas de economía centralmente planificada, ocupa una proporción mucho menos importante de la economía nacional en los sistemas de mercado.

EVOLUCIÓN DEL MERCADO

28. Como se ha dicho ya, el mercado es una institución indispensable para el funcionamiento de una sociedad con división del trabajo, cuya progresiva evolución, a impulso del desarrollo técnico, ha ido acompañado de un proceso paralelo que vale la pena resumir brevemente y que se inició en las sociedades primitivas, donde se realizaban los intercambios mediante el simple **trueque** de unos objetos por otros. Pronto se advirtió que los cambios se facilitaban mucho disponiendo de un bien aceptado por todo el mundo, y así apareció el **dinero**, encarnado en objetos muy diversos hasta concretarse durante mucho tiem-

po en las monedas metálicas, por sus notorias ventajas, y más tarde en los billetes y otros títulos.

29. A partir de la Edad Moderna los descubrimientos geográficos y los avances científicos empezaron a transformar profundamente la economía y la vida en Europa, desde donde empezaron a irradiarse los cambios a otras regiones del mundo. En las ciudades, la burguesía mercantil, con su dinero, emergió como un nuevo poder que acabaría desplazando a los señores feudales, dueños de las tierras. Ya en el siglo XVIII las ideas de Adam Smith, con su mencionada **mano invisible**, se acogieron como la doctrina legitimadora del nuevo poder que, reforzado con los éxitos de la Revolución industrial, siguió expandiendo sus mercados. Para atenderlos y multiplicar su eficacia surgieron instituciones y actividades específicamente financieras, dando nuevos matices al poder del dinero en el capitalismo, al mismo tiempo que las colonias europeas en todo el mundo testimoniaban su poderío político. A lo largo del siglo XX, con sus dos grandes

guerras y con la importancia durante decenios de una ideología rival, la hegemonía europea sobre el mundo ha dejado paso a otra estructura política, con una descolonización creadora de numerosos países formalmente independientes y una supremacía política y, sobre todo, militar de Estados Unidos.

30. En nuestros días, el sistema económico mundial, resultado, por supuesto, del pasado inmediato, aparece condicionado fuertemente por dos grandes factores recientes: el **tecnológico** y el **institucional**. El primero es consecuencia del progreso de la informática, especialmente de la innovación representada por Internet, cuyos efectos no se han desplegado aún por completo a los ojos del gran público, pero cuyo vasto alcance ha convertido ya ese instrumento en característica fundamental de nuestro tiempo y hasta en pieza clave de la denominada **Nueva Economía**. El segundo es el predominio de una tendencia de acentuado liberalismo económico, adoptado por los países más adelantados y los grandes

organismos internacionales, con el resultado de poner en vigor numerosas y amplias medidas liberadoras de las transacciones en los mercados y, sobre todo, de los movimientos financieros internacionales lo que, de hecho, se traduce en una cesión de poder por parte de los gobiernos y a favor de las grandes empresas y grupos inversores mundiales.

31. La economía del sistema internacional moderno se mueve hoy, por tanto, en un clima dado por esos dos condicionantes: **posibilidad** prácticamente **instantánea de comunicaciones y transferencias económicas,** por una parte y, por otra, **amplia liberalización de las operaciones privadas** y ausencia de control sobre ellas, lo que transfiere un gran conjunto de decisiones económicas importantes desde el ámbito gubernamental con control democrático hacia el campo del poder privado liberado del control ciudadano. Ésa es, en síntesis, la estructura a la que ha llegado el mercado en su evolución reciente, a la que se ha dado el nombre de GLOBALIZACIÓN.

La globalización

UNA RED MUNDIAL

1. GLOBALIZACIÓN es el nombre dado a **la más moderna**, avanzada y amplia **forma del mercado mundial**. El sistema en el que —ya quedó dicho— se ha liberalizado al máximo la circulación de flujos financieros y monetarios; con ciertas limitaciones y controles también los movimientos de mercancías y, más restringidamente aún, los desplazamientos de trabajadores. Esa libertad financiera es decisiva para el sistema, pues fomenta sus operaciones especulativas por cuantías muy superiores al valor total de las mercancías intercambiadas mundialmente. El objetivo de los operadores no es tanto incrementar la producción de bienes

para elevar el nivel de vida colectivo, como multiplicar sus beneficios aprovechando diferencias en los tipos de cambio. En ocasiones, se llega incluso a provocar o explotar desestabilizaciones y hasta crisis monetarias con auténticos ataques especulativos, que los gobiernos afectados no pueden atajar por la superioridad de recursos de los atacantes y porque los poderes políticos, como ya se ha dicho, han venido abdicando cada vez más de su capacidad de legislar contra tales operaciones.

2. Ese gran mercado globalizado funciona como una red de intensas relaciones económicas que, articulada por los nuevos medios informáticos, agrupa una buena parte de la actividad mundial e influye, más o menos indirectamente, sobre las entidades no

Especulaciones fuera del alcance del gobierno

incluidas en la red. Como en todos los mercados, en ese **espacio operativo unificado** por la instantaneidad de las comunicaciones, ocurre lo ya comprobado para cualquier otro tipo de intercambio: la liberalización sólo significa libertad real para los más fuertes con mayor potencia económica. Y como en ese espacio los gobiernos han renunciado al control sobre transferencias financieras, quienes deciden son las grandes instituciones privadas, bancarias o fondos de pensiones o inversión, además de especuladores con nombres y apellidos, dueños de sumas multimillonarias, que utilizan contra cualquier Bolsa o moneda donde encuentren beneficios (*lámina página 60*).

3. ¿Cómo se ha llegado a esa situación? Primero, por la tecnología de la información, que permite comunicaciones instantáneas de las cotizaciones y noticias o factores con repercusiones sobre la situación económica o sus perspectivas, lo que provoca reacciones inmediatas de los grandes operadores, seguidos

por los demás. Estas facilidades no significan que se verifique la transparencia total supuesta en el mercado perfecto pues, por el contrario, la complejidad y abundancia de medios en la red facilita tanto la desinformación publicitaria y estratégica como la información. Y en segundo lugar, como se ha dicho, esa decisiva tecnología comunicante puede ser utilizada a fondo por los grandes grupos financieros desde el momento en que los gobiernos más avanzados han renunciado al control de operaciones que, sin embargo, afectan profundamente a su gestión pública y a sus ciudadanos.

4. Esa libertad de acción financiera y monetaria ha ido consolidándose en los últimos decenios en virtud de leyes de liberalización presentadas más eufemísticamente como «desregularizadoras» y aprobadas por la creencia en la ideología del liberalismo económico, dominante en las más encumbradas instituciones académicas y seguida también por los grandes organis-

mos internacionales. Aunque la utilidad esencial de esa teoría consiste en legitimar el poder del dinero, nos es presentada como si tuviera las mismas virtudes democráticas del liberalismo político. Pero la realidad es que mientras en este último cada persona encarna un voto, en el liberalismo económico el «voto» corresponde a cada unidad monetaria y no a cada ciudadano. Por tanto, al dejar los gobiernos las manos libres al poder económico privado, los votantes han perdido el control democrático ejercido, en principio, mediante la elección de sus representantes y gobernantes. En otras palabras: **la globalización económica es totalmente antidemocrática.**

5. Dicho de otro modo: el liberalismo político implica un planteamiento global de la vida colectiva y se manifiesta en todos sus aspectos (éticos, educativos, jurídicos, etc.), pero al aplicar el principio liberal solamente a lo económico se cae en un reduccionismo que entroniza los mecanismos e intereses capitalistas

como constitución fundamental de la sociedad, pasando lo demás a depender de ese fundamento. Contra esa dependencia, instaurada en favor del poder burgués, se alzaron las luchas sociales del siglo XIX, que arrancaron algunas concesiones en forma de legislación social y, ya en el siglo XX, la potencia política y militar de la Unión Soviética refrenó los abusos del poder económico. Así, a los dos fenómenos propiciadores de la **globalización** en nuestro tiempo (la informática y la desregulación) se ha sumado un nuevo factor: el desplome de la potencia comunista que ha dejado libre el paso a la **expansión mundial del poder financiero y especulador.**

6. Con lo expuesto, se puede ya definir de manera precisa la globalización como «constelación de centros con fuerte poder económico y fines lucrativos, unidos por intereses paralelos, cuyas decisiones dominan los mercados mundiales, especialmente los financieros, usando para ello la más avanzada tecnología y

aprovechando la ausencia o debilidad de medidas re-
guladoras y de controles públicos». El resultado es la
creciente concentración planetaria de las **riquezas y
del poder económico.**

7. Para dotarla de prestigio, se nos quiere presentar la **globalización** como una estructura social muy moderna y sin precedentes, alcanzada como uno más de los frutos del progreso. Lo cierto es que el poder ha buscado en todo tiempo la explotación económica de sus súbditos, a veces simplemente por la fuerza, pero otras mediante formas semejantes a la actual, usando los medios técnicos de cada momento. Ya en el Imperio romano los traficantes y comerciantes tenían montada su red desde los alrededores de la corte imperial hasta las provincias, con rutas de transporte y en connivencia con los poderes vigentes. En el Imperio británico decimonónico, su

centro financiero mundial en Londres, sus líneas marítimas y sus explotaciones coloniales fueron el marco de globalizaciones privadas propias de su tiempo. Cada imperio ha «globalizado» como ha podido. Cuando ahora, desde la reunión internacional en Lisboa en el año 2000, se nos repite que vivimos en una **Nueva Economía** (cuya novedad fundamental consiste únicamente en el creciente empleo de Internet), se está diciendo algo tan capcioso como afirmar que la Santa Inquisición cristiana hubiera sido nueva, distinta y conveniente para todos si, para quemar a los herejes, hubiese usado la silla eléctrica en vez de la hoguera de leña.

Justo es reconocer, no obstante, que el vocablo **globalización** es ciertamente moderno y muy atractivo al sugerir algo global —es decir, común a todos— y suscitar además la imagen de un globo en cuya barquilla común

Globalización victoriana.

69

se eleva la humanidad, solidariamente unida, hacia el empíreo del futuro (*lámina página 68*).

8. Desgraciadamente, la solidaridad no es la actitud predominante por parte de los globalizadores. Basta abrir un diario o encender un televisor (aun cuando ambos medios procedan de los centros económicos dominantes) para percibir que en la barquilla del globo no se eleva más que una minoría de **globalizadores,** mientras quedan en tierra los millones de **globalizados** que dependen de ellos. Por supuesto, los de la barquilla alegarán que su relación con los que no suben es más bien de interdependencia, pero también son interdependientes el jinete y su caballo, con consecuencias muy distintas para cada uno. Al igual que lo fumadores pasivos no disfrutan del tabaco, pero respiran el humo cancerígeno, así las masas globalizadas sufren las consecuencias negativas mientras los pocos globalizadores disfrutan de sus privilegios.

9. La abismal desigualdad entre la minoría globalizadora y al multitud dependiente aparece en cualquiera de las estadísticas ofrecidas por los más serios organismos internacionales que, además, muestran una agravación progresiva de la desigualdad. Por aducir un solo ejemplo recordemos que, según el Programa de las Naciones Unidas para el Desarrollo, en 1997 el veinte por ciento más rico de la población mundial tenía unos ingresos 74 veces más altos que el veinte por ciento más pobre, sin que se registren medidas redistributivas eficaces por parte de los más favorecidos. Es más, nunca se ha llegado a hacer efectiva del todo la aportación de un 0,7 por ciento del producto bruto de los países adelantados, aprobada hace tiempo por la Naciones Unidas con ese fin compensatorio.

10. Se comprende que la gran mayoría desfavorecida de la humanidad venga manifestando crecientes protestas y reivindicaciones, por su mayor conocimiento de la opulencia en las áreas ricas del planeta.

También es natural que esas actuaciones de grupos marginados se vean facilitadas y coordinadas gracias a ese mismo sistema Internet, tan útil a los globalizadores. La toma de conciencia crece entre los desfavorecidos y por eso algunas importantes reuniones internacionales, como la de la Organización Mundial del Comercio o el Grupo de los Siete se han desarrollado en un ambiente de protestas públicas movidas por muy diversas organizaciones políticas y sociales, siendo inevitable que, entre tales masas heterogéneas y justamente descontentas, haya habido gestos aislados de violencia a los que los globalizadores han opuesto otra violencia mayor todavía, criminalizando al conjunto de la protesta.

11. Frente a esas reivindicaciones, por tanto, los grupos dominantes de la actual globalización no sólo mantienen y extienden su red captora de beneficio, encastillándose en su posición de fuerza, sino que, además, quieren erigirse en orientadores y dirigentes

de toda la economía mundial hacia un futuro mejor. Pretenden legitimar esa pretensión descalificando a sus oponentes como una minoría heterogénea y abigarrada, sin ideas sólidas, presentándolos como gentes que se perjudican a sí mismos al enfrentarse a lo que el liberalismo considera la única solución contra la pobreza. Lucha además inútil —concluyen los dominantes— porque la globalización es imparable: la impone el irrenunciable avance de la técnica.

12. Frente a esa posición del poder, justo es reconocer que los oponentes a la globalización son un conjunto heterogéneo que abarca desde las más radicales posiciones antisistema hasta las más pacíficamente solidarias contra la injusticia y la pobreza, y defensoras de los derechos humanos, pasando por la ecología, reivindicaciones culturales o religiosas y otras muchas actitudes confluyentes. Tal variedad de motivaciones no puede sorprendernos dada la multitud de aspectos en que el acaparamiento de riquezas y el

abuso del poder incide sobre las vidas de los excluidos y marginados de la distribución justa.

13. Pero si bien es cierta esa heterogeneidad aliada, en cambio son falsos los dos grandes argumentos del poder para desacreditar a sus adversarios. El primero es el de cargarles a todos con la culpa de violencias registradas que —aparte de que serían reacción explicable a la opresión cotidiana de los abusos— sólo son imputables a mínimos grupos, y aun a veces se ha demostrado ser provocadas para justificar represiones policíacas. El segundo es la negación de «ideas sólidas» (frente al pensamiento liberal o «único» del poder económico) desmentida por la existencia de un cuerpo de pensamiento social, sostenido por instituciones y publicaciones seriamente críticas con ese liberalismo. Diver-

El mensaje asfixiado

sos autores y textos han desenmascarado el anacronismo que invalida hoy la teoría liberal por su injusticia distributiva, su ceguera ecológica, su **reduccionismo** inhumano, sus desviaciones al orientar la inversión y otros aspectos negativos inherentes al intercambio descontrolado. Si toda esa teoría social disidente de la oficial y sus publicaciones son poco conocidas es porque el poder económico dominante y los autores a su servicio condicionan con aplastante superioridad los medios de comunicación social hasta el punto de ahogar las voces oponentes con sus técnicas manipuladoras de la información y desinformación (*lámina página 74*).

OTRO MUNDO ES POSIBLE

14. Pero aunque los recursos dominantes del poder ahoguen las ideas discrepantes, existe un pensamiento alternativo con defensores incluso en las instituciones de más alto nivel. Se multiplican los libros, los informes y las reuniones científicas que argumentan poderosamente que **otro mundo es posible**, como proclamaron los antiglobalizadores en Porto Alegre (Brasil), y después en el Foro de Barcelona (junio de 2001) para dar respuesta a la Conferencia del Banco Mundial y del Fondo Monetario Internacional, instituciones que prefirieron renunciar a la celebración prevista. Entre otras conclusiones, en ese Foro se reivindicó el control democrático en las

grandes decisiones económicas mundiales (pues ¿quién ha dado el poder que se han tomado unos jefes de gobierno en el G-7?), se alertó sobre el destrozo del medio ambiente en aras de mayores beneficios empresariales, se criticó la situación del comercio internacional y se trataron tantos temas imposibles de abarcar aquí, pero de los que, a modo de resumen, subrayamos una conclusión significativa: mientras que la minoría globalizadora casi limita su interés a los mecanismos y resortes económicos que afectan a sus beneficios y operaciones especulativas, la gran mayoría oponente se inquieta por lo que importa a la vida humana en todas sus dimensiones, desde el escenario natural a la educación y perfeccionamiento de las personas, desde el hambre a la actividad creadora, desde la justicia a la solidaridad, desde la ciencia al placer. Una vida en plenitud, no reducida a menores horizontes económicos, lo que exige otro mundo más vasto que el financiero. **Otro mundo posible**: un mundo para todos porque es de todos, no sólo para los instalados en la ascendente barquilla del globo.

15. Esa reclamación vital de **otro mundo posible** desenmascara la perversión radical de la ideología globalizadora, empeñada en hacernos creer que para llevarnos a todos a la prosperidad bastará con manipular los mercados y las finanzas mundiales mediante operaciones económicas y especulativas, como si todo lo demás de la vida viniese dado por añadidura. Es una creencia auténticamente fundamentalista, como la religiosa que pone todo lo de este mundo al servicio de la predicada vida eterna o como la fe nazi en la superioridad de una raza salvadora del mundo. Y, como toda fe, esa creencia cegadora impide a sus fieles ver lo que tienen ante sus ojos. Por ejemplo, al mendigo que pide limosna a la puerta de un mercado en el que ni se molesta en entrar porque carece de dinero y no obtendrá nada. Una persona, prueba viviente de que el mercado no es la libertad.

16. La desregulación de los mercados y la amplia libertad y rapidez instantánea de las operaciones, apoyada en la doctrina del liberalismo económico y aprovechada por los poderes globalizadores, no va a traer consigo, automáticamente, la solución de todos los demás problemas de la existencia humana. Con todo, esto perdería importancia si, como sostienen esos poderes, su globalización fuese una imperiosa e inevitable consecuencia de los adelantos técnicos. No puede negarse que es así, pero ésa no es toda la verdad del proceso histórico, ni siquiera la mitad de la mitad. La entera verdad es que las innovaciones científicas impulsan y transforman, a veces revolucionariamente, no sólo las estructuras y procesos económicos sino todos los demás aspectos de la vida colectiva. La técnica hace cada día más imperiosa la necesidad de globalizar la sanidad (por ejemplo contra epidemias mundiales que amenazan a todos), la justicia (castigando tiranías y genocidios con ese Tribunal que no acaba de nacer por oponerse a él Estados Unidos), la educación

(pues el analfabetismo es una inmensa pérdida de recursos humanos), la política (poniendo al día instituciones anticuadas incapaces de aprovechar las nuevas técnicas con sentido social), por no ofrecer sino unos cuantos ejemplos. Un caso muy elocuente es el empeño estadounidense en seguir contaminando la atmósfera contra los acuerdos de Kioto para no recortar beneficios de sus empresas: decisión dañina para el bienestar futuro de la humanidad. La técnica ha dejado anticuados los clásicos Estados-nación, ninguno de los cuales puede ya afrontar por sí solo problemas como ése, por lo que la globalización global (la redundancia se impone) resulta indispensable, mientras que la globalización meramente económica no hace más que agravar los desequilibrios.

17. La limitación arbitraria y egoísta de la globalización liberal, meramente económica y financiera, la sufrimos ya en Europa al adoptar una moneda única, una globalización monetaria. Pero ¿acaso implanta-

mos al mismo tiempo una justicia única, una sanidad global, unos transportes unificados, una educación homogénea, una movilidad laboral, un derecho común? Ni siquiera se actúa así en lo esencial de esos aspectos, aceptando variantes secundarias. ¿Acaso hay realmente una política común unificada? Hasta ahora los acuerdos unificadores no han llegado muy lejos en esos campos, aunque han precisado con detalle el mapa de lo económico. Se comprende por tanto que las protestas antiglobalizadoras no son sólo meras reacciones de la pobreza exasperada contra los abusos, sino una actitud vital completa: un movimiento político contra la usurpante supremacía de lo económico y una reivindicación del control mediante los votos de la democracia efectiva, de la que abdicaron los gobiernos desregularizadores (*lámina página 82*).

Europa es más que una moneda

18. En consecuencia, mientras para los grupos globalizadores el objetivo supremo y absoluto es lograr las máximas ganancias (lo demás serán resultados colaterales), los objetores de esa recortada concepción de la existencia quieren dar sentido humano a todos los aspectos de la vida, orientándolos hacia el perfeccionamiento integral de la persona. Ello implica invertir la usurpada supremacía de los beneficios monetarios en los mercados desregularizados, someterla a la autoridad política representativa de la voluntad popular y, como tal, inspirada en intereses vitales y en alcanzar objetivos tan imprescindibles para la cooperación y la convivencia pacífica como es la cohesión social. La situación a la que se tiende en este segundo caso, tan diferente de la promovida con la globalización, es ese **otro mundo posible**: un espacio que abarque todo y para todos, más natural y más racional que el de la reducción economicista. Un mundo racionalmente alcanzable salvo a los ojos de los explotadores aferrados a sus privilegios, e imposible de ver

para los cegados por el fundamentalismo del pensamiento único neoliberal (*lámina páginas 94-95*).

19. Ahora llevamos tiempo viviendo una evolución impulsada, sobre todo, por un hecho determinante: el acelerado progreso expansivo de la técnica. Estos adelantos plantean problemas que ningún Estado-nación es ya capaz de resolver por sí solo y crean redes de comunicación que intensifican la interdependencia a la vez que abren nuevas perspectivas. La coordinación mundial encomendada en su día a las Naciones Unidas y demás organismos internacionales resulta hoy anticuada e insuficiente. Cada vez se percibe más la **necesidad de una autoridad supranacional** con jurisdicción planetaria y capacidad ejecutiva si se quieren realizar tareas comunes

como la ayuda al Tercer Mundo, la defensa del medio ambiente hoy destruido impunemente, la lucha contra plagas mundiales o contra el terrorismo y el narcotráfico, entre otras tareas de alto interés común.

20. La necesidad es tan obvia que ya hace tiempo las organizaciones internacionales vienen dando pasos en esa dirección, creando instituciones en áreas concretas para dirigir eficazmente una acción colectiva. Desgraciadamente, la actitud de los actores económicos más fuertes, que quieren las manos libres en los mercados, se resiste a renunciar a cuotas de soberanía en aras de una solidaridad ventajosa para todos. El ejemplo de Estados Unidos es clamoroso, con su negativa a suscribir numerosos acuerdos internacionales a pesar de la conveniencia general. Dos últimas decisiones son llamativas: el ya mencionado rechazo por parte de Bush de los acuerdos de Kioto y el Tratado de Armas Biológicas para limitar el uso de esta terrible amenaza, que Washington se negó a firmar en junio de 2001, pero que le apetece negociar

desde que el ántrax apareció en Estados Unidos. Y, ejemplo decisivo por su alcance general, Washington ha torpedeado constantemente el avanzado intento de crear un Tribunal Penal Internacional, que genocidios y otros delitos de nuestro tiempo hacen imprescindible. En suma, Estados Unidos se atiene exclusivamente a sus propios intereses, encastillado en su indiscutible superioridad militar, y realiza las acciones de fuerza o económicas que le convienen. De hecho, sus actitudes condicionan las grandes líneas de las relaciones internacionales.

21. Evidentemente, esa situación es algo muy distinto de la Autoridad mundial que reclaman los acontecimientos y bajo la cual todos los países serían miembros con iguales derechos. Sin duda, algunos tendrían más peso que otros, pero la hegemonía de una sola potencia sobre todos los demás, supeditados a ella, es algo radicalmente distinto y se parece más a un imperio con colonias o provincias que a una asamblea para el interés común. No es difícil pensar qué situación preferirían los

habitantes del planeta, quienes probablemente verán el estado actual de los hechos como una lamentable desviación de la ruta histórica orientada hacia una autoridad supranacional. Y el hecho es que, en el momento de concluir este trabajo, tal desviación aparece decisivamente reforzada y consumada por un acto criminal de tal naturaleza y envergadura que ha provocado reacciones inesperables, muchas de ellas al margen del orden jurídico internacional que lentamente se había conseguido elaborar: me refiero al salvaje atentado contra las dos torres gemelas de Nueva York por un grupo de terroristas fanáticos. La importancia del bárbaro asalto, su coste en vidas humanas, en pérdidas materiales y hasta su alcance simbólico hacen comprensible la intensidad de las reacciones, pero el obligado uso de la razón que debe guiar las decisiones de un gobierno obliga a pensar muchas cosas: que la captura de un delincuente tiene cauces internacionales establecidos; que si el terrorismo se eleva a problema internacional algún papel corresponde a los organismos mundiales y, para no prolongar la lista, que produce vergüenza humana leer en la prensa las palabras del Secretario de Defensa estadounidense justificando las bombas de fragmentación como medio de luchar contra el terrorismo: «Queremos matar talibanes, así de sencillo».

22. Pese a ello, el histerismo de la prepotencia herida ha sido secundado de un modo inmediato por la gran mayoría de los gobernantes occidentales e incluso, con más o menos reservas y en contra de la opinión de sus propios pueblos, por dirigentes musulmanes, todos ellos ofreciendo tropas, armas y otros servicios. El allanamiento a la explosiva reacción estadounidense consagra ahora, con tintes incluso emotivos, la hegemonía internacional que Washington venía imponiendo de hecho. Para resumir la situación en pocas palabras, cabe decir que el Derecho Internacional Público aparece reducido a un Artículo Único: los conflictos se resolverán como disponga Estados Unidos.

23. Ése es el marco internacional en que se han celebrado los dos Foros mencionados al principio de esta obra: el de Nueva York con su lema «Liderazgo en Tiempos Difíciles», bien revelador de incertidumbres, y el opuesto de Porto Alegre, que afirma más esperanzado que «Otro mundo es posible», aunque la inapelable hegemonía económica estadounidense no es nada propicia por ahora.

¿Puede cerrarse con alguna perspectiva esta exposición de los hechos? Descartada la necia teoría del fin de la Historia, la vida sigue. El futuro resultará, por una parte, de la política de los «neoyorquinos» para reforzar su privilegiado dominio económico de la globalización y también, en el lado opuesto, de los esfuerzos de los «alegrenses» para mitigar la injusticia y conseguir un mundo que sea para todos. Pero, además, hay grandes masas humanas que, aun marginadas, evolucionan y, sobre todo, existen factores que ni unos ni otros tienen previstos y que —para usar una frase muy actual— son «efectos colaterales» de la Humanidad en marcha. Mientras los enfrentados actúan directamente, el pensamiento —que no es únicamente económico— sigue creando en los laboratorios y en otros ambientes. La ciencia, sobre todo, nos empuja presurosa hacia horizontes biogenéticos y físicos, quizás incluso astronáuticos y transgénicos. Sin caer en conjeturas un hecho resulta indudable: que la Vida supera a unos y a otros. Por eso cabe terminar afirmando, sin vacilar, que **otro mundo es seguro**. Podrá no ser «neoyorquino» ni «alegrense» del todo, pero será otro.

Como cantó Neruda: «No es hacia abajo ni hacia atrás la Vida.»

LISTA DE TÉRMINOS

Para desengañar de la «libertad» del mercado
a las personas de buena fe,
y para ayudar a que el mundo oprimido
por los especuladores y el dinero
llegue a ser global en todo y para todos,
José Luis con Olga escribió este libro,
Sequeiros lo ilustró,
Eduard y Joaquim lo prepararon,
Mariona lo maquetó,
Pilar animó a los seis
y Mateu Cromo lo imprimió para Destino
cuando apuntaba la primavera en 2002.